LETTRES

PATENTES ~~DV~~

~~ROY~~, ET COMMISSION

pour la conduite des condamnez aux Galeres.

A PARIS,

IEAN SARA, ruë S. Iean de Beauuais, de-
uant les Escholes de Decret.

M. DC. XX.

LETTRES PATENTES

du Roy, & Commiſſion pour la conduite des condemneℤ aux Galeres.

OVIS PAR LA GRACE DE DIEV, ROY DE FRANCE ET DE NAVARRE, Comte de Prouence, Forcalquier, & terres adjacentes. A tous ceux qui ces preſentes verront, Salut. Eſtant aduenu le deceds de Iean Arnault ſieur du Freſne, Archer des Gardes de noſtre Corps, que nous aurions commis le 22. iour d'Auril 1619. à la leuée, conduicte & deliurance de tous les condemnez és peines de Galleres en l'eſtenduë de noſtre Royaume, pendant le temps & eſpace de ſix années conſecutiues; Au moyen dequoy il eſt neceſſaire pour le bien de noſtre ſeruice, de pouruoir de nouueau au faict de ladicte Commiſſion, SÇAVOIR FAISONS, Que ſur le bon rapport qui fait nous a eſté de la perſonne de Guillaume de Billy, & de ſes ſens, ſuffizance, loyauté, prud'hómie, experience, capacité & bóne diligence; Et ayant agreable la nomination & preſentation qui nous a eſté faicte de luy par noſtre amé & feal Conſeiller en noſtre Conſeil d'Eſtat, & Cheuallier de

A ij

nos Ordres, le ſieur Comte de Ioigny General des Galleres de France, Iceluy pour ces cauſes & autres à ce nous mouuant, Auons commis & deputé, commettons & deputons par ces preſentes, à la charge de Commiſſaire & Conducteur General de tous les condamnez és peines de nos Galleres, durant pareil temps & eſpace de ſix ans prochains & conſecutifs, à commencer du iour & datte des preſentes ; aux charges & conditions auſquelles ledit Arnault auoit entreprins ladicte conduicte cy apres declarees, leſquelles ledict de Billy a volontairement acceptées, Et premierement, qu'il ſera tenu d'enleuer de toutes les Conciergeries des Parlements, & autres priſons des iuriſdictions Royalles tous leſdicts condamnez, à ſçauoir ceux qui ſeront dans les Conciergeries deſdicts Parlements, vn mois apres leurs condamnations, & ceux de toutes les autres Iuriſdictions deſdits Parlements, ſix ſemaines apres leurſdictes condamnations, & iuſques à ce qu'il y en ait en chacun deſdicts Parlements, nombre ſuffiſant pour faire vne chaiſne, il les tiendra & fera garder & nourrir à ſes deſpens : Et neantmoins depuis le iugement des condamnez, iuſqu'au temps qui luy eſt ordonné pour les enleuer, ne ſera tenu de payer pour eux aucun geollage, nourriture, ne autres frais, tant deſdites priſons, que pour les Greffiers, Huiſſiers & autres perſonnes : Et en cas qu'il ne retiraſt leſdicts priſonniers dans ledit temps, ils demeureront eſdictes priſons à ſes deſpens : & à cet effect declarera aux Geolliers deſdictes priſons, tant deſdits Parlemens, que des Iuriſdictions particulieres, où ils auront à l'adreſſer, pour luy faire & à ſes commis la declaration des condamnations des priſonniers,

& aussi les noms desdits commis par acte dont il sera
fait regiſtre : Sera tenu de bailler caution en chacun
desdicts Parlemens, de la leuee & conduicte desdits
condamnez iuſques dans la ville de Marſeille, & de
tenir des Commis aux villes desdits Parlemens, des-
quels il ſera & demeurera reſponſable, comme auſſi
des Commis & Gardes qu'il ordonnera en nombre
ſuffiſant pour la ſeure conduicte desdits condamnez : Et lors qu'il les enleuera, ſera tenu ſe charger
aux Greffes desdits Parlemens & autres Iuriſdictiós
de la deliurance qui luy aura eſté faicte d'iceux par
roolle & inuentaire, contenant les noms & qualitez,
aage, poil, & taille d'iceux condamnez, & le temps
de leurs condamnations porté par leurs iugemens:
Et en fin de chacune annee ſera tenu de rapporter
aux Procureurs Generaux desdicts Parlemens, vn
roolle de la deliurance qu'il aura faicte audit Marſeille desdits condamnez, lequel ſera ſigné du General desdites Galleres, ou de celuy qui commandera en ſon abſence, & des Commiſſaires & Con-
trolleurs en la Marine de Leuant. Et à cet effect, leſ-
dits Procureurs Generaux retireront de leurſdicts
Subſtituts des Iuriſdictions ſubalternes, l'extraict de
la deliurance qui aura eſté faicte pendant chacune
année desdicts condamnez, audit Commiſſaire &
Conducteur General, & ſes Commis. Et ſera ledit
Commiſſaire tenu, ſi aucun desdits condamnez de-
cedoit pendant le temps de la conduite, d'en rapporter certification du Procureur du Roy, du lieu
où il ſeroit decedé ; & ſi c'eſtoit en lieu où il n'y euſt
point d'Officiers, des Curé, & Marguilliers de la
patroiſſe, contenant les qualitez que deſſus dudit
decedé : Et pour ceux qui ſeront tellement malades

qu'ils ne pourroient faire le voyage, sera tenu de les mettre à la prison Royalle du lieu, où il les laissera, à la charge de les reprendre quand il passera, ou s'ils y decedoient, de rapporter certification dudit deceds comme dessus. Si lesdits condamnez estoient recourus par les chemins par force & violence, sera tenu de faire diligemment informer de ceux qui auront fait ladicte force, & en rapporter preuue suffisante, pour leur en estre faict & parfaict le procez. Et estant arriué audit Marseille, consignera lesdicts condamnez auec les Arrests & Sentences de leurs condamnations, en pouppe de la Galere Realle audit General des Galleres, ou en son absence, à celuy qui les commandera, & en presence desdits Commissaires, & Controolleurs de la Marine de Leuant, pour estre distribuez sur lesdites Galeres, selõ l'ordre & departement qui en sera par nous fait, ou par ledict General, selon nos commandemens. Et de la deliuráce qui sera ainsi faite desdits condamnez par ledit Commissaire General, sera par luy retiré certifications desdits Commissaires, & Controolleurs de la Marine, lesquelles il rapportera aux Greffes des Parlemens & Iurisdictions, d'où ils auront esté par luy, & sesdicts Commis enleuez, à ce que l'on puisse d'autant mieux cognoistre qu'il se soit fidellement acquitté de ladite conduite. Moyennant ce que dessus, sera payé audict entrepreneur, Commissaire, & conducteur, pour la conduite de chacun desdits condamnez : à sçauoir pour ceux des Parlemens de Paris, Roüen, Rennes, Tholouze, Bordeaux, & Dijon, trente liures : Pour ceux de Grenoble, dixhuict liures : Et ceux d'Aix, douze liures. Lesquels payemens luy seront faits par les Capitaines desdi-

tes Galeres , fur lefquelles lefdits condamnez feront
deliurez: & à leur refus, le payement luy en fera
fait par le Treforier en ladicte Marine de Leuant, par
l'ordonnance dudit General , ou de celuy qui commandera en fon abfence : à la charge de le rabatre
aufdits Capitaines fur la folde, payement , & entre-
tenement de leurs Galeres. Ce faifant , aucun autre
que ledit Commiffaire general, ou fes Commis, ne
pourra, durant ledit temps de fix ans, faire leuée, &
conduite d'aucuns condamnez és peines des Galeres: Et fera la prefente Commiffion, & Declaration,
verifiée , & enregiftrée en tous lefdits Parlemens. Et
ledit Commiffaire , & Conducteur General , tenu,
dans trois mois , rapporter acte de la prefentation
qu'il aura faite d'icelle. Et à fin que ladite conduite
fe puiffe faire auec plus de feureté : Auons permis, &
permettous audit Commiffaire, & Conducteur General, & à ceux qui auront Commiffion de luy, pour
la garde, & conduite defdicts condamnez , qu'ils
puiffent porter armes à feu, faifant ladite conduite,
& les rapporter en retournant d'icelle , pour tant
que durera leurdit voyage, & retour. Et à cet effect,
rapporteront certification defdits Commiffaires , &
Controolleurs de la Marine, du iour de leur partement pour leurdit retour. & ce nonobftant nos Or-
donnances prohibitiues dudit port d'armes à feu.
SI DONNONS EN MANDEMENT A nos amez
& feaux Confeillers, les Gens tenans nos Cours de
Parlemens, Baillifs, Senefchaux, Preuofts des Ma-
refchaux, & tous autres Iuges, & Officiers qu'il ap-
partiendra, que ces prefentes ils facent enregiftrer,
garder, & obferuer de poinct en poinct, felon leur
forme & teneur, & du contenu en icelles, iouïr, &

vſer ledit de Billy , ſes gens, & Commis, pleine-
ment, & paiſiblement, ceſſans, & faiſans ceſſer tous
troubles, & empeſchemens au contraire : leur don-
nant main forte , aſſiſtance, & priſons, ſi meſtier eſt,
& requis en ſont. M A N D O N S, & ordonnons auſſi
à noſdires Cours de Parlement , de ne renuoyer aux
Iuriſdictions particulieres, ceux qui auront appellé
de la condemnation deſdites Galeres, & dont les
ſentences auront eſté confirmées, ains les retenir aux
Conciergeries deſdicts Parlemens , à fin que plus
commodément ils puiſſent eſtre conſignez audict
Commiſſaire, & Conducteur General , ſes gens, &
Commis, & euiter le peril de la perte d'iceux, au
tranſport, & renuoy qui s'en feroit ailleurs. Enioi-
gnant audit ſieur Comte de Ioigny, General de noſ-
dites Galeres, de tenir la main, à ce que l'ordre cy
deſſus preſcrit ſoit exactement obſerué, & la conduite, & deliurance deſdits condamnez fidellement
faite. Et d'autant que de ces preſentes ledit de Billy,
ſes gens, & Commis pourroient auoir beſoin en plu-
ſieurs & diuers lieux, Nous voulons qu'au Vidimus
d'icelles, deuëment collationnées, foy ſoit adiouſtée
comme au preſent original: Car tel eſt noſtre plaiſir.
En teſmoing dequoy nous auons faict mettre noſtre
ſéel à ceſdictes preſentes. Donné à Paris le dix-neuf-
ieſme iour de May , l'an de grace mil ſix cens vingt.
Et de noſtre Regne le vnzieſme. Ainſi ſigné, L o v i s.
Et ſur le reply eſt eſcrit, Par le Roy, Comte de Prouence, P H E L Y P E A V x. Et ſcellées ſur double
queuë, du grand ſeau, de cire iaune.

EXTRAICT DES REGISTRES
de Parlement.

VEV par la Cour, les lettres patentes,
données à Paris le dix-neufiesme iour
de May, mil six cens vingt. Signées
Lovis. Et sur le reply, Par le Roy
Comte de Prouence. Phelipeavx.
Et seellées sur double queüe de cire iaune. Par lesquelles le Roy a commis & deputé Guillaume de
Billy à la charge de Commissaire & conducteur general de tous les condamnez en peine de Galeres,
durant six ans prochains & consecutifs, aux charges
& conditions ausquelles Iean Arnault sieur du Fres-
ñe auoit entrepris ladite conduitte, spécifiées parti-
culierement par lesdites lettres. Requeste presentée
par ledit de Billy, le 26. iour de May, an present, afin
de verification desdites lettres, Conclusions du Procureur General du Roy, & tout consideré : La Cour
a ordonné & ordonne que lesdites lettres seront
registrées és registres du Greffe d'icelle, pour iouïr
par ledit de Billy, de l'effet & contenu en icelles, aux
charges y contenuës, & suiuant icelles les prison-
niers condamnez en ladite peine de Galeres estré
deliurez audit de Billy, à la charge d'enleuer de ladite Conciergerie, ceux qui seront iugez en ladite
Cour, huict iours apres leurs condamnations, & les
mener en la maison size au Fauxbourg Sainct Ho-
noré, destinée pour renfermer les condamnez aux
Galeres, attendant que la chaisne soit faite : laquelle
il sera tenu faire lors qu'ils seront au nombre de

trente au plus., & auant le partement bailler au Procureur general autant du Roolle de ceux qu'il emmenera, tant dés condamnez par Arreſt de ladite Cour, que des autres Iuriſdictions de ce reſſort, dont il rapportera deſcharge à chacun voyage, Laquelle ſera communiquée audit Procureur general, & miſe au Greffe de ladite Cour : Comme pareillement les informations & certificats du deceds de ceux qui ſeront decedez & demeurez malades par les chemins, ou qui auront eſté recouz. Faict en Parlement, le premier iour de Iuin, mil ſix cens vingt.

Signé, VOYSIN.